PREFAZIONE

Questa collana dedicata alle erbe selvatiche "SELVATICHE DI NATURA" si propone di offrire opuscoli che forniscano sì, informazioni scientifiche basilari per il riconoscimento e la conoscenza dell'erba cui sono dedicati di volta in volta (ed anche qualche ricetta), ma soprattutto che trasmettano il rispetto e l'amore per ciascuna pianta. In ciascun opuscolo il lettore troverà, infatti, un racconto fiabesco che lo avvicinerà alla pianta protagonista del volume. Ciò è rivolto sia al lettore adulto che al lettore bambino, che sempre più spesso non ha grande dimestichezza col mondo vegetale; ed è rivolto anche a quella parte delle donne e degli uomini che percepiscono il magnetismo della terra e di ogni essere vivente con religioso rispetto, senza il quale sarà impossibile che il nostro paradiso terrestre sopravviva.

Taràssaco o Dandelion o Dente di Leone

C'è stato un tempo in cui dialogavamo con la natura senza diaframmi. Ogni nostro sentire era in armonia con le forze fisiche, chimiche, magnetiche dei regni vegetale, animale, minerale. La nostra pelle era in diretto contatto con l'ambiente e così anche i nostri pensieri fluivano nel mare del pensiero rotondo della terra. Un tempo in cui riconoscere le piante e le loro proprietà era un gesto naturale, e questa era anche una conoscenza che si tramandava e si insegnava ai bambini. Era un tempo in cui sicuramente i nostri pensieri e la nostra anima erano in perfetta armonia con tutto il creato, con il cosmo.

Tutto il regno vegetale era rispettato ed ogni pianta aveva un suo uso ed un suo posto nell'equilibrio generale. Un posto speciale, all'interno di questo equilibrio, era occupato dalle erbe selvatiche.

Ciascuna erba aveva, ed ha ancora oggi, anche se spesso lo dimentichiamo, le sue peculiarità ed una sua personalità: caratteristiche che ogni erba estrinsecava nei rapporti con il regno vegetale, cioè tra le stesse piante, ma anche nei rapporti con il regno animale e con il regno minerale.

Connessioni quasi magiche che oggi sfuggono ai nostri occhi troppo distratti e razionali.

Taraxacum   officinalis foto   di   David Monniaux - Wikimedia Commons

Il Taràssaco innamorato

C'era una volta una pianticella che cresceva rigogliosa sulla Terra ed era un giovanotto assai promettente. Cresceva sui bordi delle strade, nella terra brulla, anche tra le pietruzze, non badava a sottigliezze.

Dalla primavera all'autunno inoltrato sfoggiava tutta la sua bellezza, la sua livrea verde intenso, e alle prime piogge moltiplicava le sue belle foglie a raggiera, in nuove pianticelle. Inoltrava le sue radici nella terra, penetrando sempre più avanti e germogliando su ogni nuova postazione conquistata. Il suo aspetto era rigoglioso, eretto e vivace ed avanzava vigorosamente sulla Terra.

Poco si curava di altre erbe cui sbarrava il passo baldanzoso e pieno di vita.

In una notte di luna piena dal viale delle Selvatiche vide avanzare una mucca pensosa e triste. Aveva il mantello marrone e piccole chiazze bianche disposte qua e là. Il muso era rosa.

Arrivata vicino alla nostra pianta, la mucca iniziò a piangere ed a lamentarsi per aver perduto la sua famiglia durante una passeggiata nelle campagne e, non sapendo dove andare, si stese sull'erba schiacciandola totalmente. Tutte le erbe sotto di lei si sentirono soffocare e sperarono vivamente che la sosta della mucca fosse temporanea. La mucca, che si chiamava Palloncina, non voleva saperne, tuttavia, di andare via, anche perché non avrebbe saputo quale direzione prendere. Quando smise di piangere, Palloncina, che era una mucca giovane, si accorse che aveva fame e rivolse la sua attenzione alle erbe che aveva intorno.

Quale terrore, quale sbigottimento non colse tutte le Selvatiche in quell'istante!

La nostra pianticella però, raccolse tutto il suo coraggio e cercò di parlare a Palloncina. La mucca però non sentiva nulla! Nessun dialogo era possibile.

La paura a quel punto pervase ogni pianta: non c'era alcuna possibilità di comunicazione e quindi in breve Palloncina avrebbe cominciato a strappare le Selvatiche e le avrebbe masticate per nutrirsene.

La nostra pianta allora fece ricorso a tutte le sue risorse ed assorbì in men che non si dica alcune sostanze dal sottosuolo che le diedero temporaneamente un odore ed un sapore amaro.

Palloncina di conseguenza mangiò le altre erbe e non la nostra pianticella così pronta e avveduta.

Da quella notte però la nostra eroina diventò un'erba più schiacciata verso il suolo, assunse un aspetto coprente e si alzava solo di pochi centimetri.

Nel segreto del suo cuore la nostra pianta, da quella notte, si era infatti innamorata della Terra che le aveva donato gli elementi per salvarsi la vita. Desiderava quindi mantenersi il più possibile a contatto con la sua amata, spesso inserendo anche il suo fogliame, non soltanto le radici, dentro di essa. Per questo motivo faceva avanzare le sue radici sempre di più, conquistando man mano maggiore spazio nel suolo e ricoprendolo amorevolmente con nuovi germogli da cui originavano nuove piante.

Decise un giorno di dichiarare alla sua amata i suoi sentimenti. Le mandò quindi le sue sfere di energia, in volo. Esse si depositarono sulla nuda Terra e Le trasmisero il messaggio d'amore, purificante ed infinito, della giovane pianta.

La Terra ne fu ricolma e, riconoscente, ricambiò la purezza e la leggiadria di quel sentimento. Regalò così al suo giovane innamorato la capacità di generare un fiore meraviglioso: una stella di colore giallo, nell'unica parte della pianta che sarebbe cresciuta un po' più in alto.

Da quel fiore, ermafrodita, sarebbero cresciuti così ogni anno moltissimi semi, riempiendo, all'estremità, lo stelo con una sfera soffice: il soffione. I suoi semi, con il vento, ad ogni stagione si sarebbero diffusi e moltiplicati sempre più sulla loro sempre giovane Amata

Terra, perpetuando il sentimento di quel primo, giovane e coraggioso innamorato.

Man mano che questa bella erba selvatica cresceva lungo i sentieri e nei campi, la Terra ne percepiva la *purezza*, la grande *energia*, l'*equilibrio*: comprese così che poteva riporre molta fiducia nella rigogliosa pianta. Il suo verde innamorato era una pianta solo in apparenza minuta ma con grandi poteri: era un piccolo gigante. Gli chiese così se sarebbe stato in grado di riprodurre e donare queste sue qualità agli uomini che lo avessero usato per la loro alimentazione. Naturalmente lui fu ben felice di poter soddisfare le richieste della Terra e, per ottenere questo risultato, fece scorta, attraverso il sottosuolo, di quelle sostanze che lo avevano salvato dai morsi di Palloncina. Diventò, così, ricco di diverse sostanze purificanti (vitamine, minerali, oli essenziali, flavonoidi) tutte utili per l'uomo, in particolare per il fegato ed i reni, ma anche ottime per l'equilibrio dell'intestino, della pelle, degli ormoni. Le sue doti furono riconosciute ampiamente dagli esseri umani tanto da ottenere il nome con cui adesso lo conosciamo: Taràssaco, nome che significa "rimedio per lo scompiglio". Il Taràssaco è capace infatti di equilibrare, come nessun'altra erba, un organismo in disordine. Le sostanze di cui dovette far riserva per ottenere le sue qualità tuttavia gli conferirono, da quel momento, il sapore amaro che possiamo sentire mangiandolo: è inevitabile se vogliamo godere dei benefici che offre alla salute il meraviglioso Taràssaco, l'innamorato della Terra.

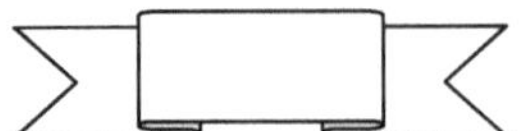

Nel medioevo l'olio di Taràssaco veniva usato dalle streghe per essere accettate dalle comunità in cui volevano integrarsi e le radici per invocare lo spirito dei defunti.

Un gioco divinatorio molto più recente consiste nel soffiare sui semi di un soffione esprimendo un desiderio: se restano alcuni semi ancora attaccati, quello sarà il numero dei figli che si avranno durante la propria vita.

Descrizione e Proprietà

Il Taràssaco è una pianta selvatica che viene usata sia in cucina sia in farmacopea. E' possibile usare le foglie, le radici ed anche il fiore. Il significato del nome proviene dal greco taràkè "scompiglio", e àkos "rimedio", indicando quindi un rimedio capace di mettere ordine nell'organismo.

I nomi usati per identificarlo sono parecchi: dente di leone, soffione (frutto), cicoria selvatica, brusaoci, pisciacane, piscialletto (per i suoi effetti diuretici), girasole dei prati, ingrassaporci o erba del porco, etc.

Taraxacum officinale di Walther Otto Müller Botanico tedesco (1833-1887) Wikimedia Commons

Il fiore attira molto le api e fornisce loro sia polline sia nettare.

Ape su fiore di Sonchus di A. Terrazzini

Fa parte della famiglia delle Asteraceae che è la famiglia vegetale più numerosa, organizzata in quasi 1000 generi per un totale di circa 20.000 specie. Le Asteraceae a loro volta sono suddivise in tre sottofamiglie.

E' una pianta perenne. Dalla sua robusta radice a fittone (scura solo all'esterno) si irradiano, formando una rosetta, le foglie, che si dipartono con la loro base molto vicine alla terra e lasciano crescere l'estremità un po' più in alto. L'intera pianticella è costruita in modo tale che tutta la rugiada, o ancor meglio la pioggia, che cade su di essa, venga condotta direttamente al centro della rosetta e quindi alla radice che, in questo modo, viene sempre mantenuta ben nutrita.

Le foglie di solito sono lucide e prive di peli, con nervatura centrale, ed il margine di ogni foglia è frastagliato o dentellato, a volte con denti più grandi ed a volte più piccoli. È questa somiglianza con i denti canini di un leone che probabilmente ha spinto alla attribuzione del suo secondo nome "dente di leone", o Dandelion (Dent de Lion in francese), o Leontodon (dal greco, nome scelto da Linneo). Il fiore ha uno stelo piuttosto lungo e delicato ed è di colore giallo brillante. Il frutto maturando si trasforma in una sfera, conosciuta come soffione, in cui i semi sono dotati di una sorta di paracadute che gli consente, in condizioni di vento, di diffondersi e moltiplicarsi con molta facilità.

Una particolarità da sottolineare è il notevole dimorfismo morfologico delle foglie, che possono presentarsi molto diverse tra loro: alcune sono profondamente dentellate, altre meno, oppure hanno denti più piccoli, ovvero i bordi sono piuttosto uniti e talvolta sono quasi interi.

Tarassaco - A sinistra pianta intera, a destra esempi di dimorfismo fogliare - Wikimedia commons

Per questo motivo è facile confondere il Taràssaco con altre erbe selvatiche simili, comunque commestibili, sempre facenti parte della grandissima famiglia delle Asteracee.

La prima tra queste è il Sonchus. (Sonchus oleraceus)

Sonchus Oleraceus, Flowers, di Sten Porse – Creative Commons

L'aspetto è molto simile a quello del Taràssaco anche se le foglie sono piuttosto diverse, ad uno sguardo attento e tagliando sia le foglie che il gambo viene fuori molto lattice.

È conosciuto anche come: Crespigno degli orti, Cardedda o Cardella (in Sicilia), Cicerbita, Lattarolo, Graspignolo, Soncino, Zangune.

Sonchus oleraceus di Carl Axel Magnus Lindman (parz.) - Wikimedia Commons

Altra erba con cui è facile confondere il Tarassaco è la Hypochaeris radicata, altrimenti conosciuta come costolina o giuncolina.

Hypochoeris radicata – Kiev - di Аимаина хикари – Wikimedia commons

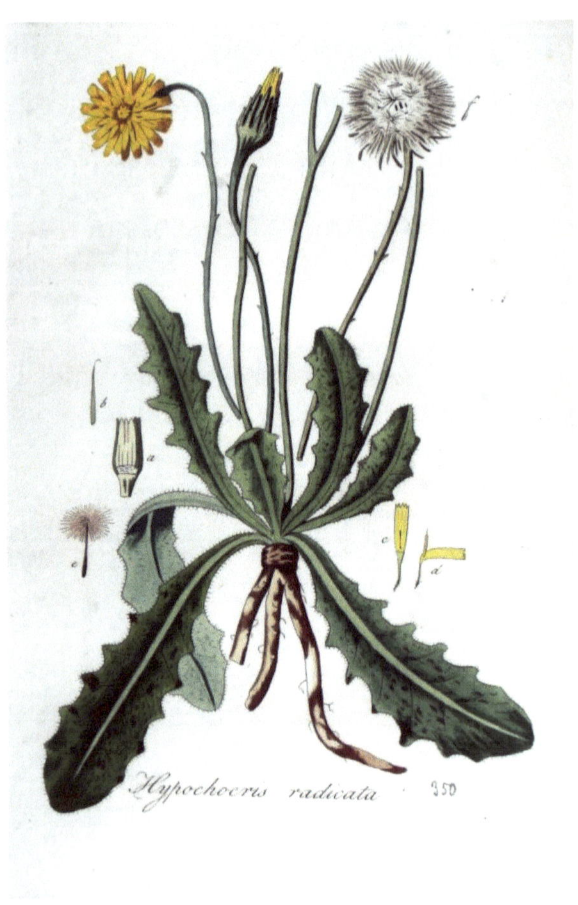

Hypochaeris Radicata di Jan Kops (1765-1849) Botanico Olandese - Wikimedia Commons

Ultima erba selvatica di questo elenco (non esaustivo) delle erbe con cui è possibile essere tratti in inganno nell'identificazione del Tarassaco è la Crepis.

Il genere Crepis è abbastanza numeroso, comprende dalle 200 alle 300 specie (secondo le varie classificazioni).

Crepis biennis di Enrico Blasutto - Wikimedia Commons

Tra queste possiamo elencare le diffusissime Crepis Sancta, C. Biennis, C. Vesicaria, etc. È conosciuta anche come radicchiella.

Crepis Biennis di Carl Axel Magnus Lindman illustratore botanico, pteridologista, botanico e professore universitario svedese- Wikimedia Commons

Del Taràssaco è opportuno utilizzare sempre le foglie più giovani, preferendo, per le foglie un po' più "vecchie" e quindi leggermente più dure e coriacee, le preparazioni che prevedono la scottatura oppure, se piace, la preparazione di infusi.

Contiene una elevata quantità di Beta Carotene, diverse vitamine tra cui la vitamina K, acido taraxinico (che lo rende amaro) e flavonoidi.

In cucina

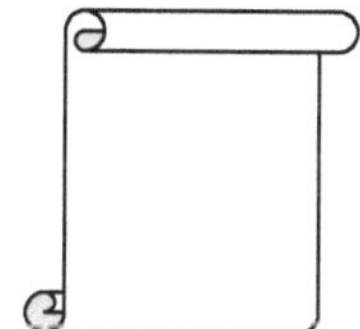

Le foglie si mangiano sia cotte sia crude.

Le foglie di Tarassaco vanno preventivamente pulite e lavate, come per ogni verdura, prima di preparare qualsiasi pietanza.

Il Taràssaco è usato per preparare insalate o altre ricette, dalla primavera all'autunno (dipende dalla zona di coltura), sia da solo che con altre verdure. In diverse regioni italiane è tradizione consumarlo nelle insalate, lessato o saltato in padella, come contorno (da solo o con altri ingredienti) o come ripieno (di pasta o carne).

Ha un sapore piuttosto amaro, più o meno forte, e può essere attenuato con alcuni accorgimenti. Uno di questi è quello di lessarlo in acqua mischiandolo successivamente ad altre verdure oppure di accompagnarne le foglie crude con altri alimenti quali patate lesse, mele, crostini o formaggi in crema.

Anche i petali dei fiori sono commestibili e possono contribuire a dare sapore e colore alle insalate. I boccioli sono anch'essi un po' amari ed apprezzabili se preparati sott'olio o sott'aceto.

Fiori Tarassaco di Joe MiGo - Wikimedia Commons

I fiori si possono inoltre preparare in pastella e quindi friggere.

Fiori di Tarassaco in pastella – di A. Terrazzini

Si possono altresì consumare lessi (conditi con olio extravergine di oliva), sia saltati in padella con aglio (meglio se aglio ursino o selvatico) e pancetta (per chi la gradisce).

I fiori vengono inoltre utilizzati per la preparazione di gelatine, spesso definite "miele di tarassaco" o marmellate.

Miele di Denti di Leone

Preparate 250 fiori di tarassaco (Taraxacum officinale), 1 kg di zucchero

1 litro di acqua, 2 limoni

Raccogliere e lavare i fiori di tarassaco, tagliare i limoni in pezzi.

Metterli in una pentola e farli cuocere per circa 20 minuti.

Filtrare e rimettere sul fuoco insieme allo zucchero finché non avrà raggiunto la consistenza desiderata.

Con le radici tostate di tarassaco si preparava il caffè di tarassaco, un surrogato del caffè.

Esiste, in alcune regioni della Gran Bretagna ed in Canada, la birra di tarassaco

Insalata di Taràssaco

Usare le foglie appena raccolte, verdi e succose, con un condimento di olio di oliva e aceto di vino rosso. Le insalate possono essere combinate anche con altre erbe, selvatiche o coltivate, a foglia ma anche aggiungendo pomodorini ciliegia oppure altri ingredienti nutrienti come legumi cotti, formaggio fresco o semi-stagionato o uova sode.

Le foglie crude sono usate pure per il pesto, in cui l'amaro ben si accoppia con mandorle, noci o pinoli ed eventuale formaggio in crema da spalmare sul pane.

Tortino di Taràssaco

Pulite e lavate le foglie di Taràssaco e cuocetele in acqua salata. Scolatele e strizzatele bene.

Se non amate troppo il gusto amaro aggiungete al Tarassaco altre verdure cotte quali le biete o l'indivia.

Tritate le verdure.

Sbattete le uova, aggiungete la ricotta, il parmigiano grattugiato e un nonnulla di noce moscata.

Mescolate bene e aggiungete le verdure precedentemente tritate, amalgamando il tutto. Aggiustate di sale.

Mettete l'impasto in una pirofila ed infornate in forno caldo a 200° per circa mezz'ora.

Lo stesso impasto può essere utilizzato altresì per realizzare delle polpette che vanno fritte, previa infarinatura .

Uso in medicina popolare

Quando raccogliamo il tarassaco (accorgimento che vale anche per altre erbe), conviene tagliare la piantina alla base lasciando la sua radice nel terreno per dare vita a un nuovo individuo nella prossima stagione.

In medicina popolare il tarassaco viene usato per diverse indicazioni e composizioni con altri fitorimedi come: disintossicante epatico/biliare, dispeptico, antireumatico, spasmolitico, anaflogistico, diuretico, antidiscratico, lassativo.

Uso in fitoterapia

In fitoterapia si usa ancora la droga pura, in infusione o decotto, per disappetenza e disturbi dispeptici.

Il Tarassaco è inserito tra le erbe officinali dal Regio Decreto 26 maggio 1932 n. 772.

NB: Le informazioni riportate hanno solo carattere illustrativo , non sono consigli medici e non possono sostituire una diagnosi o una cura effettuate da un medico.

NB 2: La parola Tarassaco in italiano corretto non ha accento.

Ho volutamente, in questo volume, dato risalto alla pronuncia "Taràssaco" e non all'ortografia.

Bibliografia

- A Modern Herbal" di Mrs. Maud Grieve Prima pubblicazione: agosto 1931 - Editrice: Hilda Leyel

- Taraxacum officinale – Scheda su Wikipedia.org

- Anno 2017 » N. 255 - 1 maggio 2017 » Il Tarassaco, da una pianta spontanea mille e mille usi – Rivista di agraria

ANGELA TERRAZZINI

Poliedrica e curiosissima donna di Sicilia, Angela Terrazzini vive integralmente nello spirito dell'artista rinascimentale, capace di intrecciare la professione di architetto a diverse attività, quali quelle che l'hanno vista occuparsi, tra l'altro, di servizi al turismo, scrittura creativa, organizzazione di mostre, fotografia, creazione di gioielli. Nasce in Sicilia nel 1963 e acquisisce fin da piccola familiarità con il mondo delle piante durante lunghi soggiorni nelle rigogliose campagne di famiglia e attraverso il dialogo con la madre, insegnante di Scienze Naturali. Il suo colloquio con la natura, unito all'esigenza di apprenderne i segreti, è sempre stato vivace e appassionato. Da poco tempo ha iniziato a scrivere piccoli saggi e racconti.

www.ingramcontent.com/pod-product-compliance
Lightning Source LLC
Chambersburg PA
CBHW040903260726
48664CB00025B/1404